Tres reglas sencillas

Tres reglas sencillas
una conducta de vida
wesleyana

Rueben P. Job

Abingdon Press
Nashville

Tres reglas sencillas

Derechos de autor © 2008 por Abingdon Press

Traducido al español por Diana D. López.

Este libro fue impreso en papel sin ácido.

ISBN-13: 978-0-687-65493-2

08 09 10 11 12 13 14 15 16 17—10 9 8 7 6 5 4 3 2 1
IMPRESO EN LOS ESTADOS UNIDOS DE NORTEAMÉRICA

Contenido

«¿Cuál es entonces, el sello? ¿Quién es metodista, según tu propia convicción?» Yo contesto: Metodista es quien tiene *el amor de Dios derramado en su corazón por el Espíritu Santo que le fue dado;* quien *ama al Señor su Dios con todo su corazón y con toda su alma y con toda su mente y con todas sus fuerzas.* Dios es el gozo de su corazón y el deseo de su alma, que clama constantemente: «*¿A quién tengo yo en los cielos sino a ti? ¡Y fuera de ti nada deseo en la tierra!* ¡Mi Dios y mi todo. Tú eres *la roca de mi corazón y mi porción para siempre!*»

— "El carácter de un metodista", en *Obras,* Tomo V; página 19

Prefacio

TRES REGLAS SENCILLAS
que transformarán el mundo

Existen tres reglas sencillas que tienen el poder para cambiar el mundo. Aunque son reglas muy antiguas, han sido raramente puestas a prueba en su totalidad. Pero cuando se pusieron en práctica, el mundo de aquel entonces fue sacudido de tal manera que algo nuevo surgió. El movimiento wesleyano es un claro ejemplo de esta nueva creación que se formó cuando estas tres reglas sencillas se adoptaron como forma de vida.

Vivimos en un mundo frenético, complicado y que demanda rapidez. Es fácil creer que estamos atrapados en ser personas que no queremos ser y en vivir una vida que no deseamos vivir. Buscamos formas de escapar de estas complejidades y turbulencias de la vida diaria. Buscamos la forma del sobreponernos a la divisibilidad que nos separa, dispersa, no respeta, rebaja y nos deja con heridas e insatisfechos. Sabemos en lo profundo de nuestro ser que el camino en el que andamos no es moralmente correcto y que no nos conduce a un fin positivo. Tememos que no haya salida de este camino.

El camino por el que andamos está tan bien definido que sólo un cambio radical puede sacudirnos fuera de los profundos surcos de nuestro dilema. Y este cambio drástico es posible porque vemos el precio devastador de ir en la dirección que vamos. Continuar con este camino no es ya una opción viable. El riesgo es demasiado grande y los resultados demasiado costosos. Sin embargo, ¿dónde damos la vuelta? ¿Qué podemos hacer?

Para buscar ayuda nos volvemos al que nos ha creado, formado y nos ama tal y como somos y que además siempre busca la manera de llevarnos a ser más de lo que somos. Cuando se le preguntó a Jesús cuál era el mandamiento más importante, respondió: "'Amarás al Señor tu Dios con todo tu corazón, con toda tu alma, con toda tu mente y con todas tus fuerzas'… El segundo es semejante: 'Amarás a tu prójimo como a ti mismo'. No hay otro mandamiento mayor que estos" (Marcos 12:29-31). Aquí se nos presenta el fundamento y la instrucción para una vida fiel y válida para cualquier época. Es una respuesta sencilla y a la vez profunda. Es fácil de comprender y representa un desafío tremendo el llevarla a cabo. Constituye, además, una guía a la más alta forma de fidelidad; y continúa manteniendo la promesa de una manera de vida que es gratificante a la vez que productiva en la tarea de extender el reino de Dios tanto en la tierra como en los cielos.

Nos volvemos también a nuestras raíces buscando lo que había en el pasado que capacitó a personas como nosotros a vivir con coraje y fidelidad en sus épocas. ¿Qué ocurrió que les vinculó a Dios y al poder y presencia de éste? ¿Qué era lo que les unió en una tarea común que les desafió y transformó en un movimiento santo y justo? Necesitaban, y seguramente lo encontraron, un instrumento que, cuando utilizado, les puso en un estado de transformación.

Creo que hemos alcanzado un lugar en el que, como pueblo de Dios, estamos preparados para considerar seriamente otra alternativa, una forma más fiel de vivir como discípulos de Jesucristo.

Esta manera de vida deberá ser tan clara que cualquiera pueda enseñar y llevar a la práctica. Deberá ser accesible y atractiva a jóvenes y mayores, ricos y pobres, poderosos y débiles y para esos de cualquier persuasión teológica. Es un nuevo orden, y sin embargo, ya contamos con el modelo para esta forma de vida. Y con la ayuda de Dios y nuestra disposición, puede cambiar el mundo.

Esta forma de vida le fue revelada a Juan Wesley en una época muy similar a la nuestra. Wesley tomó este modelo y lo encarnó, enseñó y practicó. Ahora este modelo se ha puesto en nuestras manos. Y depende de nosotros si lo vamos a aceptar, enseñar y practicar hasta que se convierta en nuestra manera natural de vida, una forma de vida que nos marcará como comunidad cristiana y como cristianos individualmente. Algunos ya practican esta forma de vida, y creo personalmente que muchos más están listos para iniciarse en ella. Les invito a que lean las siguientes páginas para que consideren si están listos para este cambio tan drástico de dirección y que se encuentra marcado por estas tres reglas sencillas:

Prefacio

1. No hacer el mal
2. Hacer el bien
3. Mantener la relación de amor con Dios

Rueben P. Job
Otoño 2007

Introducción

EL MUNDO EN EL QUE VIVIMOS

Muchos no podíamos concebir la idea de que nos encontraríamos hoy en un mundo tan dividido. La gente de mi edad, que vivió en los tiempos de la Segunda Guerra Mundial, estaba convencida de que nuestro mundo se uniría en armonía, paz y plenitud. Los sacrificios que se hicieron fueron tan tremendos que parecía cierto que nunca se volviese a tolerar que nuestro mundo se dividiera de tal manera. Sin embargo, aquí estamos, en un mundo donde las divisiones se mantienen y se nutren cada día. Teníamos esta expectativa inocente de que mejoraríamos porque nos educamos y compartimos las riquezas de este mundo. Parecía el camino natural y fácil a seguir. Olvidar las luchas y sacrificios del pasado puede habernos llevado a un estado de complacencia que consideró a la comunidad con ligereza, a un individualismo tomado con demasiada seriedad y donde desatendimos nuestro llamado a ser fieles al evangelio de Jesucristo.

¡Qué lástima! Ese mundo de paz y plenitud para todas las personas no se alcanzó. La hostilidad aumenta entre las naciones; las comunidades se encuentran divididas en cuanto a asuntos educativos, de desarrollo y de *statu quo*. La religión está dividida con cada sector afirmando tener la exclusiva a la verdad. Las denominaciones y las congregaciones se encuentran divididas en temas de doctrina y a lo que constituye ser un discípulo fiel o lo que es pecado mortal. Y las familias se dividen en diferentes intereses, prioridades rivales y la presión diaria a sobrevivir y ser exitosas en una cultura cada vez más competitiva.

Frecuentemente recibo correo de ciertos grupos denominacionales que parece que sus intenciones más que las de nutrir y sanar son las de dividir y conquistar. Tan a menudo la retórica se asemeja más al chismorreo que al recuento de la verdad con amor, esta última apuntando al descubrimiento y a la mutualidad. La división, partidismo y criticismo agudo, no solamente de diferentes posiciones sino también de personas, no han fortalecido a las denominaciones, comunidades, congregaciones, familias ni individuos. Cuanto más gritamos y más estridente es nuestra retórica, tanto más débiles y enfermizos llegamos a ser. Nuestro testimonio del amor redentor de Dios pierde su autenticidad y su poder al continuar nuestra indisponibilidad a la tarea reconciliadora.

Los que buscan seguir a Jesús deben plantearse si este es el sendero que un cristiano debe caminar. ¿Estamos realmente excediendo nuestro llamado como hijos e hijas de Dios? ¿Hay alguna forma mejor de practicar nuestra fe? ¿Hay una manera tan sencilla y substancial en la que nadie sea dejado de lado y que toda persona sea capaz de practicar?

¿Somos la viva respuesta a la oración de Jesús: "Padre santo, a los que me has dado, guárdalos en tu nombre, para que sean uno, así como nosotros" (Juan 17:11b)? Cuando nos consideramos unos a otros, ¿percibimos ese movimiento hacia la unidad en Cristo? ¿Ven otras personas en nosotros a Dios orquestando nuestra vida? ¿Es nuestra forma de vivir una que enriquece la vida en vez de empobrecerla? ¿Es nuestra forma de vivir una que promueve la calidad de vida entre las personas?

Los creyentes afirman que tal posibilidad de vida existe y está a disposición de todas las personas. Cuando vemos tal forma de vida en práctica, no sólo se nos inspira, además nos sentimos atraídos a ella. En nuestros mejores momentos sabemos que no hemos vivido de acuerdo con esa creencia compartida de vivir una buena y fiel vida con Jesucristo en el centro de lo que hacemos o somos. En lo profundo de mi corazón, creo que toda persona quiere vivir una vida fiel y productiva incluso cuando tan a menudo nos hemos desviado de la invitación divina a una vida santa.

No somos los primeros que luchamos con la infidelidad al que conocemos por medio de Jesucristo. El autor de Colosenses nos recuerda:

Vestíos, pues, como escogidos de Dios, santos y amados, de entrañable misericordia, de bondad, de humildad, de mansedumbre, de paciencia. Soportaos unos a otros y perdonaos unos a otros, si alguno tiene queja contra otro. De la manera que Cristo os perdonó, así también hacedlo vosotros. Sobre todo, vestíos del amor, que es el vínculo perfecto. (Colosenses 3:12-14)

Esta es una clara nota de que un seguidor o seguidora de Cristo ha sido escogido por Dios y como tal merece y demanda cierta forma de vida.

El texto anterior no es diferente de este en Gálatas 5, en el que los caminos del mundo se contrastan con el camino de Cristo. Dice:

> Pero el fruto del Espíritu es amor, gozo, paz, paciencia, benignidad, bondad, fe, mansedumbre, templanza... Si vivimos por el Espíritu, andemos también por el Espíritu. No busquemos la vanagloria, irritándonos unos a otros, envidiándonos unos a otros. (5:22-26)

Estas amonestaciones se originaron probablemente en la necesidad de dirección en lo que conlleva vivir fielmente en un mundo en el que la manera de Jesús no se entendía y se desconfiaba. Las controversias que se produjeron fueron las que incitaron a los autores a escribir esa sabiduría bien necesitada en Colosenses y Gálatas. Estos, como nosotros, comenzaron su peregrinaje con Cristo, con determinación a seguir a Jesús sin desviarse o faltar a su compromiso de seguirle. Su mundo, como el nuestro, no constituía el sendero que les llevara a Dios o a una vida justa; era fácil desviarse y difícil mantenerse centrados en Cristo solamente. El autor de estos textos sabía que solamente un cambio drástico podía llevar al lector de vuelta al sendero de la fidelidad, un camino que promete guiar al caminante fiel más cercanamente a Dios y a la manera escogida por Dios para el pueblo de Dios.

La mayoría de nosotros anhelamos vivir tal vida en Cristo. Queremos ser fieles en la más alta medida que podamos. Queremos practicar nuestra fe en formas que traigan sanidad y aporten a la vida, que no sean destructivas ni tomen de la vida. El desacuerdo, diálogo y el debate no son extraños a los ojos de los cristianos. No negamos la conversación honesta, la paciencia, la aceptación con amor, el compromiso y el acuerdo mutuo. Tampoco nos es extraño el perdón, la conversión, la transformación, la reconciliación y la vida nueva. Y con todo parece ser que en años recientes estos atributos no han sido los invitados de honor, ni cultivados extensamente, en nuestros círculos.

Introducción

Juan Wesley anticipó tiempos como los de hoy, y reconoció que cada cual necesita ayuda para poder vivir una vida santa y bondadosa en un mundo como el nuestro. Le preocupaba que los nuevos creyentes en Cristo fallaran en practicar su fe y se convirtieran, en sus propias palabras, más "hijos de diablo" de lo que eran antes de su conversión (traducción de "Journal from August 12, 1738, to November 1, 1739", en *Works*, Vol. I; página 239). Estaba plenamente consciente de que cualquiera podría tener las bases estructurales y sistemáticas correctas pero que también podría perder el poder de Dios que se traduce en una vida a la semejanza de Cristo, una manera de vida santa que reforma y renueva constantemente y renueva al individuo y a la comunidad. Por estas preocupaciones, Wesley estaba determinado a adoptar prácticas disciplinadas que llevaran a la fidelidad en esta nueva manera de vida. Estas prácticas se enumeran en las "Reglas Generales" y en sus instrucciones, y la responsabilidad en su mantenimiento se centró en las clases que constituyeron las Sociedades Unidas al comienzo del movimiento metodista (*Disciplina de la Iglesia Metodista*

Unida, 2004 [The United Methodist Publishing House, 2004]; ¶103).

Estas reglas sencillas transformaron y dieron nueva vida a las mujeres y a los hombres de estatus alto y bajo, colocándoles en el camino que se convertiría en un movimiento que formaría una denominación y transformaría la naciente nación de Norteamérica. Algunas de estas instrucciones puede que las encontremos pintorescas y antiguas. Sin embargo, la tres reglas sencillas en sí mismas son contemporáneas y se ajustan excepcionalmente bien a nuestra época, cultura y necesidades.

No hacer el mal

"No haciendo daño,
evitando toda clase de mal,
especialmente los más comunes".
— *Disciplina, 2004;* ¶103

No hacer el mal

"Pero si os mordéis y os coméis unos a otros, mirad que
también no os destruyáis unos a otros".
(Gálatas 5:15)

La primera regla sencilla es no hacer el mal. No es
algo complicado. Incluso un niño o niña puede entender lo que quiere decir, y se aplica a todo y cada
una de las diferentes fases de la vida. Además,
cuando se practica, produce resultados maravillosos
transformando el mundo que nos rodea. Muchos
hemos observado las dificultades planteadas en la resolución de asuntos difíciles y complicados. He observado que cuando se toma en consideración esta
primera regla sencilla, a menudo me ha librado de
utilizar la palabra errónea o responder de manera
inapropiada.

Me he dado cuenta también de que este primer
paso tan sencillo, cuando se pone en práctica, puede
originar una base firme para la realización de
la difícil y fiel tarea del discernimiento. Cuando

decidimos no causar daño a quienes están en desacuerdo con nosotros, la conversación, el diálogo y el descubrimiento de un nuevo planteamiento se hacen posibles. Cuando vigilamos nuestras palabras y acciones teniendo en mente esta primera regla sencilla, tenemos el tiempo y la oportunidad para pensar en las consecuencias que producirán antes de que las palabras sean pronunciadas o las acciones tomen forma.

Cada uno de nosotros conocemos grupos que se encuentran enzarzados en conflicto, a veces por asuntos profundos y complicados y otras veces por asuntos que son sencillamente ridículos. Con todo, el conflicto es una realidad, las divisiones se profundizan, y las consecuencias del mismo son a menudo devastadoras. Sin embargo, si toda persona involucrada en el conflicto se comprometiera a no hacer el mal, el ambiente en el que el conflicto se desarrolla cambiaría de inmediato. ¿En qué puede cambiar? Bien, si no debo dañar a nadie, no podré *chismorrear* en cuanto a este conflicto. No podré *hablar despectivamente* de los involucrados en el conflicto. No podré *manipular los hechos* del conflicto. Ya no podré *degradar* a esos que no compartan mi punto de vista, y deberé honrar a todo hijo e hija de Dios. *Guardaré mis labios, mente y corazón para que mi expresión verbal no menosprecie, hiera o cause dolor a ningún hijo o hija de Dios. No debo hacer el mal, aun cuando busque el bien común.*

Es fácil creer que quien tiene este amor en su corazón no puede hacer mal a su prójimo. Le es imposible hacerle daño a otro ser humano a sabiendas. Está muy lejos de la crueldad y del mal, de la injusticia o de la acción depravada. Con el mismo cuidado, *pone guarda a su boca y guarda la puerta de sus labios,* por temor a ofender de palabra en contra de la justicia, la misericordia o la verdad. Ha echado a un lado toda mentira, falsedad o fraude; *ni se halló engaño en su boca.* No difama a nadie, ni salen de su boca palabras duras. (Sermón 4, "El cristianismo bíblico", en *Obras,* Tomo I; página 79)

Este acto de desarme, poniendo a un lado nuestro arsenal y el deseo de hacer mal, es por otro lado un acto revelador. Descubrimos que nos encontramos posicionados en tierra de nadie, habitando un espacio común y precioso, compartiendo una misma fe, festejando en la misma mesa y compartiendo la misma medida del amor ilimitado de Dios. Cuando determino no causar el mal, desaparece el temor a la persona; y soy capaz de verla y oírla de una manera más clara. Desarmados de la posibilidad de hacer el mal, nos encontramos con ese lugar apacible y sólido en el que nos encontramos donde juntos podemos avanzar en fidelidad a nuestro Dios.

Cuando este primer paso no se produce, no ocurre porque se malentienda o porque es demasiado simple. Es un paso que no se toma porque demanda demasiada autodisciplina y una profunda fe de que *Dios proporcionará las fuerzas y guiará al fiel*. Decidir tomar este primer paso es para muchos abrazar una teología y una práctica demasiado radical que se enfrenta a nuestro tímido y sumiso compromiso. Si la realización de este paso es tan sencilla y fácil de comprender, ¿por qué se hace tanto mal? Porque no es una pauta fácil; demanda una *confianza radical* en la presencia, poder, sabiduría y guía de Dios y una *obediencia drástica* al liderazgo divino. Practicamos nuestra fe en un mundo que requiere nuestra más profunda determinación, una gran fe, una confianza firme y una cantidad de gracia divina inmensurable.

Otra razón por la que este paso no se produce podría ser nuestra afiliación a cierta ideología o teología en lugar de a nuestro vínculo con Jesucristo como Salvador y Señor de todo. Quizás estamos permitiendo que nuestra lealtad a una postura teológica se interponga con nuestra lealtad a Jesucristo. Estamos tan seguros de que "nuestra forma" es la única y más correcta que somos incapaces de considerar que el planteamiento de Dios podría ser diferente al nuestro. Nos olvidamos de la importancia de entender al Dios con el que nos relacionamos cuando optamos por el camino de Jesús. El abandonar el sendero del mundo y seguir los pasos de Jesús es una decisión atrevida que requiere consideración honesta y cuidadosa y debe hacerse en oración. No es una decisión sin consecuencias. Jesús mismo nos advirtió de considerar con cuidado el coste del discipulado: "¿Quién de vosotros, queriendo edificar una torre, no se sienta primero y calcula los gastos, a ver si tiene lo que necesita para acabarla?... Así, pues, cualquiera de vosotros que no renuncie a todo lo que posee, no puede ser mi discípulo" (Lucas 14:28, 33).

Seguir a Jesús es seguir a un Dios que se nos da a conocer en la Escritura, historia, naturaleza, en nuestro profundo ser y —sobre todo— en la vida, muerte y resurrección de Jesús de Nazaret. Seguir a Jesús es seguir a uno que confía completamente en la bondad y amor divino y en la intervención de este Dios en los asuntos humanos. Seguir a Jesús implica el deseo de ser como él en nuestra forma de vivir y morir. Para algunos tal elección es aterradora y muy demandante; por esto decidimos seguir a distancia o simplemente darnos la vuelta. Con todo en el fondo del silencio de nuestros corazones, sabemos que queremos seguir a Jesús. Sabemos que seguir a Jesús es lo mejor y la única manera que tendremos de vivir plena y fielmente. Sabemos que es la única forma de vivir una vida de paz y gozo y que conlleve fruto. En el fondo de nuestros corazones sabemos que esa es la vida que queremos. Queremos seguir a Jesús aun cuando implique sacrificar nuestra posición favorita o nuestra mejor posesión; y por esto pedimos gracia para ser fieles cuando abrazamos la invitación a serle fiel.

No hacer el mal

Puede que haya otra razón por la que tendemos a ignorar este fundamento básico de la vida cristiana: tenemos miedo de las consecuencias. Abandonar los caminos del mundo por el camino de Jesús constituye un paso drástico. Siendo este paso sencillo y fácil de comprender, no se alcanza con facilidad. Nos percatamos de que pueda llevarnos a un terreno en el que nos sentimos incómodos. ¿Estamos realmente dispuestos a relegar nuestro poder político y abrazar el poder del amor divino? ¿Estamos dispuestos a renunciar a nuestras posesiones más preciadas a la convicción de que nosotros estamos en lo correcto y los demás no? ¿Confiamos en Dios lo suficiente como para seguir los senderos del Espíritu en vez de los del mundo? Si seguimos este camino, ¿se nos percibirá como seres débiles a la merced de otros en lugar de seres fuertes en control de nuestra situación? Si escogemos este sendero, ¿se corroerá nuestra postura y se disipará nuestro empeño? El riesgo parece tremendo, y con frecuencia nuestros temores se hacen más evidentes que nuestra propia fe.

¿Es posible vivir en este complejo y violento mundo sin causar mal? ¿Debemos volver la otra mejilla a aquellos que distorsionan la verdad? ¿Es sabio no hacer el mal a aquellos que buscan hacernos el mal y dañar nuestro futuro o nuestra reputación? ¿Podremos limitar nuestra respuesta en términos que no sean destructivos para esos que utilizan falso testimonio y palabras violentas buscando nuestro mal y destrucción? ¿Es posible hablar la verdad con amor y gentileza cuando otros hablan verdades parciales con ira y odio?

Es un sendero desafiante el que tenemos que andar. Con todo, incluso una lectura superficial del evangelio sugiere que Jesús enseñó y practicó una forma de vida que no ocasionaba mal. Su vida, su forma de vida y sus enseñanzas mostraron con claridad esta regla sencilla. Y en vez de reinventar la rueda, Juan Wesley notó lo que Jesús enseñó y lo incorporó en su estructura de una vida fiel:

Manténganse cerca, les ruego, a todo medio de gracia. Traten de caminar sin culpa bajo las leyes y mandamientos de Dios… Añadan virtud a su fe, conocimiento a su virtud, templanza a su conocimiento, paciencia a su templanza, santidad a su paciencia, bondad…, caridad bondadosa a su fraternidad. ("Diario 12, 6 de mayo de 1760 - 28 de octubre de 1762", en *Obras*, Tomo XII; página 132)

Hay muchas razones por las que encontramos difícil abrazar la primera de estas reglas sencillas. Sin embargo, la buena nueva es que no tenemos que realizar este peregrinaje solos. Hay alguien que nos acompaña. Y no solamente nos acompaña sino que también nos llena con el poder y la presencia del Espíritu para que podamos poner en práctica nuestra fe con integridad y fidelidad a ese que buscamos seguir. Esta verdad se encuentra en el centro de la Encarnación y del Pentecostés. Esto hace posible que podamos practicar una manera de vida que se encuentra en armonía con la vida de Jesús, y nos permite sobrevivir e incluso prosperar en un mundo como este. Es una manera de vida desafiante y a la vez gratificante; y cada uno de nosotros, con la ayuda de Dios, podemos vivir tal vida de manera completa, fiel y con regocijo.

Wesley estableció que para continuar en el sendero de la salvación, esto es, vivir en armonía con Dios, debemos comenzar con no hacer daño, "evitando toda clase de mal, especialmente los más comunes" (*Disciplina, 2004*; ¶103). Sin embargo, Wesley no se encuentra solo en resaltar el elemento esencial de la respuesta fiel al llamamiento de Jesucristo.

Tomás de Kempis en su *Imitación de Cristo* muestra una gran preocupación acerca de la facilidad con la que tendemos a deslizarnos hacia una reacción pecaminosa en nuestras relaciones con otros. En la traducción de este clásico, se interpreta el pensamiento de Tomás de Kempis de la siguiente forma:

No podemos confiar excesivamente en nosotros mismos porque con frecuencia nos falta la gracia y el criterio. Poca lucidez hay en nosotros y ésta, muy pronto por negligencia, la perdemos. Muchas veces se nos pasa inadvertido lo ciegos que estamos interiormente. Muchas veces actuamos mal y peor lo disculpamos. A veces nos motivan las pasiones y estimamos que es afán por servir a Dios. Reprendemos a los otros por pequeñeces y pasamos tranquilamente sobre nuestras grandes fallas. Pronto sentimos y ponderamos lo que tenemos que soportar de los demás y no nos damos cuenta de lo mucho que los otros nos soportan. Quien bien y justamente califica lo propio no encontrará nada grave de juzgar en el otro. (*Imitación de Cristo*, © 2002, BIBLIOTECA ELECTRÓNICA CRISTIANA -BECVE MULTIMEDIOS™. Edición española; Parte segunda, Capítulo V)

¿Qué conllevaría tomar esta regla sencilla seriamente? En primer lugar, un examen de nuestra forma de vida y la manera en que practicamos nuestra fe. Si este examen es minucioso, seguramente nos llevará a un cambio en nuestra forma de practicar la fe. No hacer el mal es una reacción proactiva a todo lo que es malo, a todo que es en sí dañino y destructivo para la humanidad y la creación de Dios y, por tanto, últimamente destructivo para nosotros. Adoptar esta regla sencilla como propia constituye un paso gigantesco hacia la transformación del mundo en el que vivimos. No hacer mal significa que analizamos todas nuestras acciones e incluso nuestro silencio para que no añadan dolor a otro hijo o hija de Dios o a su creación. Como lo hicieron Wesley y esos al comienzo del movimiento metodista, también nosotros nos aseguraremos que cada día de nuestras vidas esté siempre invertido en el esfuerzo de traer sanidad en lugar de daño, unidad en vez de división, y esté en armonía con las pautas de Jesús en lugar de con las del mundo. Cuando nos comprometemos individualmente a esta forma de vida, deberemos percibir a cada persona como hijo o hija de Dios —recipientes de un amor inmerecido e ilimitado— tal como lo somos nosotros. Y esta percepción nos mantiene responsables ante nuestro compromiso de no hacer el mal.

Quizás la consecuencia mayor de esto es que somos formados y transformados para vivir más y más como Jesús vivió. Esta transformación personal nos dirige en la transformación del mundo que nos rodea al mismo tiempo. Como dos personas en un matrimonio que con los años comienzan a pensar, actuar e incluso parecerse entre ellas, así esos que practican esta sencilla regla empezarán a pensar, actuar y quizás a parecerse a Jesús. Este paso sencillo cambiará sus vidas de una manera beneficiosa y maravillosa, pero aún hay más.

Hacer el bien

"Haciendo lo bueno; siendo misericordiosos de cuantas maneras les sea posible, y haciendo toda clase de bien conforme tengan oportunidad, y en la medida posible, a todos…"
— *Disciplina, 2004*; ¶103

Hacer el bien

"El que hace lo bueno es de Dios". *(3 Juan 11b)*

"Cómo Dios ungió con el Espíritu Santo y con poder a Jesús de Nazaret, y cómo este anduvo haciendo bienes…" (Hechos 10:38)

"Debes tu conciencia a Dios; y entre vosotros nos os debéis nada más que amor mutuo". (traducción de *Letters of Saint Augustine*, trad. John Leinenweber [Triumph, 1992]; página 182)

Escasean las posibilidades de hacer el bien, para lo que no hay ocasión diaria… Aquí se encuentran familias pobres que tienen necesidad: Hay niños y niñas que carecen de educación: Hay hospicios, donde ambos jóvenes y mayores con alegría reciben la palabra de exhortación: Hay prisiones, y en ellas la complicación de lo que todo humano anhela. (traducción de "Journal from August 12, 1738, to November 1, 1739", en *Works*, Vol. I; página 181)

A partir de este punto todo empieza a complicarse. Justo cuando estábamos considerando la idea de no hacer el mal a nadie y a nada, nos enfrentamos a una decisión todavía más difícil. De nuevo, recordamos las palabras de Jesús: "Pero a vosotros los que oís, os digo: Amad a vuestros enemigos, haced bien a los que os odian; bendecid a los que os maldicen y orad por los que os calumnian" (Lucas 6:27-28). Hacer el bien es un serio desafío por parte de Wesley y un mandamiento directo de Jesús. Pero, ¿qué implica a mi persona hacer el bien? El significado de estas palabras es sencillo de entender, pero ¿por dónde empezar? ¿Cuáles son las pautas y los límites? ¿Es esta sencilla exhortación demasiado difícil de llevar a cabo? ¿Qué quiere decir? ¿Cómo se materializa este hacer el bien en este mundo tan dividido, hostil y herido?

No somos los primeros en plantear estas preguntas. Wesley tuvo que enfrentarse al mismo desafío y encontró una respuesta razonable a su inquietud:

…este mandamiento está grabado en su corazón: «El que ama a Dios ame también a su hermano». Y… a su prójimo como a sí mismo, y a cada persona como a su propia alma. Su corazón está lleno de amor hacia la humanidad, hacia cada criatura del Padre de los espíritus de toda carne. El hecho de que una persona le sea desconocida, en manera alguna le es obstáculo para que la ame. Ni tampoco es impedimento el que dicha persona sea o actúe como él no aprueba, o que pague su buena voluntad con odio. Porque ama a sus enemigos, sí, y a los enemigos de Dios, a los malos y los ingratos. Y si se ve impedido de hacer el bien a quienes le odian, no cesa de orar por ellos… ("El carácter de un metodista", en *Obras*, Tomo V; página 22)

Las palabras de Jesús y Wesley sugieren que hacer el bien es una mandato universal. Esto es, hacer el bien no se limita a las personas que se asemejan a mí o a esas que me favorecen. Hacer el bien está dirigido a todo el mundo, incluso a esos que no encajan en mi percepción de ser merecedores de ningún bien de mi parte o de cualquier otro. Este mandamiento es también universal en el sentido que nadie se encuentra exento de él.

Hacer el bien, lo mismo que no hacer el mal, es una forma de vida proactiva. No necesitamos esperar a que se nos pida hacer una buena obra o ayudar al necesitado. No necesitamos esperar hasta que las circunstancias empeoren de tal forma que anuncien la necesidad de ayuda desesperada o intentar corregir alguna injusticia horrible. Podemos tomar la decisión de que nuestra forma de vida se incline al lado de hacer el bien a todos en toda circunstancia y en toda manera que pueda. Podemos tomar la decisión de que escogeremos una forma de vida que se nutra de la bondad y fortalezca a la comunidad.

Esta forma de vida requerirá una evaluación cuidadosa y continua de la manera en la que vivimos. Requerirá una acción más directa y radical que no hacer el mal a esos que puede que estén en discrepancia con nosotros o incluso busquen nuestro mal. Pues ahora nos estamos comprometiendo a buscar el bien para con todos en el mundo que nos rodea y con cada uno en el mundo de Dios. En esas pequeñas ofensas, como el tráfico que corta delante de nosotros, y en las ofensas mayores, cuando se nos degrada a un estado menor que el de hijo o hija de

Dios, no pueden nunca trasladarnos fuera del círculo de la bondad que fluye de Dios hacia nosotros y a través de nosotros al resto del mundo. Cada acción y cada palabra deben ser filtradas a través del amor y voluntad de Dios y se debe examinar si su propósito realmente produce bien y bondad a todos los que van dirigidas.

Ahora, estamos dispuestos a ejercer un poco de bien, quizás añadir más dinero a la ofrenda de nuestra congregación, o de cuando en cuando dar alguna contribución a alguna misión caritativa o al banco de comidas local. Sin embargo, ¿dónde están los límites? ¿Será esta demanda de nuestro tiempo, influencia y dinero abrumadora? Podemos incluso ver lo rápido que este comportamiento puede escaparse de nuestro control. No estamos seguros de si queremos vivir tal vida con tan poco control. Quizás la palabra que sobresale aquí es la de *control*.

Esta forma de vida presenta obstáculos, y a la cabeza de la lista figura nuestro deseo de control. Queremos saber adónde vamos y también cuánto nos costará llegar allí. Y esta es la razón por la que hacer todo el bien que podamos es un concepto tan aterrador. Las necesidades del mundo, de nuestra comunidad, nuestra congregación y de nuestras familias son tan grandes que si estuviéramos en la tarea de hacer todo el bien que pudiéramos, sentiríamos la obligación de dar todo lo que tenemos a alguna buena causa. ¿Es esta la acción correcta? Incluso si esto fuera lo que debiéramos hacer, ¿podremos hacerlo? Ya tenemos demasiadas responsabilidades y compromisos, y otras personas dependen de nosotros.

O, ¿qué pasaría si ofrecemos nuestras dádivas de bondad, pequeñas y grandes, pero se rechazan? Supongamos que buscamos un compromiso en la resolución de un conflicto, y esos esfuerzos son ridiculizados. ¿Qué pasaría si nuestros esfuerzos se perciben como puntos de debilidad personal y nuestra sinceridad en el asunto se pasa por alto? Aun peor, ¿qué pasaría si siendo bondadosos el regalo se acepta y se utiliza deshonestamente, de una manera que aborrecemos?

Oísteis que fue dicho: "Amarás a tu prójimo y odiarás a tu enemigo". Pero yo os digo: Amad a

vuestros enemigos, bendecid a los que os maldicen, haced bien a los que os odian y orad por los
que os ultrajan y os persiguen, para que seáis
hijos de vuestro Padre que está en los cielos, que
hace salir su sol sobre malos y buenos y llover
sobre justos e injustos. (Mateo 5:43-45)

La verdad es que nuestras acciones bondadosas
pueden ser rechazadas, ridiculizadas e incluso mal
usadas. Sin embargo, nuestro deseo de hacer el bien
no debe limitarse a los pensamientos y acciones de
otros. Nuestro deseo de hacer el bien proviene de
nuestra respuesta a la invitación divina de seguir a
Jesús, y *está bajo nuestro control.* Podemos optar por
ser hospitalarios y bondadosos con todos los que
nos encontramos. Podemos tomar la decisión de
hacer el bien a todos, incluso a esos que no compar-
ten nuestra ideología y se vuelven en contra de lo
que pensamos que es justo y correcto delante de
Dios. Nuestra recompensa por hacer el bien no
queda invalidada o empequeñecida por las repues-
tas a ese acto de bondad. Seguiremos teniendo la
gratificación de saber que hicimos lo que era

correcto y que hemos agradado a Dios. Seguiremos siendo identificados, conocidos y amados como hijos e hijas de Dios. ¿Qué recompensa es mayor que esta?

Es cierto que estas tres reglas son sencillas y fáciles de entender. Casi siempre sabemos cuando nuestras acciones y palabras hacen el mal y cuando hacen el bien. Y en lo profundo de nuestro ser están ambos, el deseo y la voz de consejo del Espíritu, diciéndonos que edifiquemos y mantengamos una relación viva y activa con Dios. Cierto, las reglas son sencillas y son *fáciles de entender*, pero no son *fáciles de practicar*. Wesley examinaba frecuentemente su propia vida para asegurarse que vivía en armonía con estas tres reglas que fielmente enseñaba.

Esto, sin embargo, con una sentencia en la Lección de la Noche, me lleva a considerar mi propio estado más profundamente. Y se me ocurrió lo siguiente: … Su juicio con referencia a la santidad es nuevo. No juzga más que sea algo extraño: considerar no hacer el mal, o hacer el bien o utilizar las ordenanzas de Dios. Ve que es la vida de Dios

44

en el alma; la fresca imagen de Dios estampada en
el corazón; una renovación entera de la mente en
cada aspecto y pensamiento, siguiendo la semejanza de El que la creó (traducción del "Journal
from August 12, 1738, to November 1, 1739",
en *Works*, Vol. I; página 161)

La "fresca imagen de Dios estampada en el corazón" es últimamente la recompensa del fiel, y nos
llevará con certeza a la decisión de hacer todo el bien
que posiblemente podamos. Pues es Dios quien ama
a todas las personas y permite que llueva sobre todas.
Así, esta decisión conlleva la obligación de la búsqueda del bien para todos. Debemos desear lo mejor
para con esos cuya posición o condición pueda dife-
rir de la nuestra. Conllevará el proseguir el deseo de
sanar las heridas de nuestras hermanas y hermanos,
sin importar su rango social, condición económica,
nivel educativo o incluso estilos de vida que sean ra-
dicalmente distintos al nuestro. Conllevará que las
palabras y acciones que hieren y dividen cambien
a palabras y acciones que sanen y unifiquen. Conllevará que las tendencias que buscan división y

conquista se tornen en tendencias que buscan la unidad y el beneficio de todos. Conllevará que ese bien común se convierta en nuestra primera motivación y que lo que es bueno para nosotros pase a ocupar un lugar secundario.

No es necesario decir que esta forma de vida constituye un desafío. Amar a Dios con todo nuestro ser y a nuestro prójimo como a nosotros mismos no son declaraciones fáciles de realizar; sin embargo, son declaraciones esenciales para nuestra vida espiritual, nuestra fe y nuestra vida con Dios. Las tres reglas son sencillas; pero aun así al examinar este paso sencillo y práctico en un mundo transformado, comenzamos a ver lo complicada y costosa que puede ser una vida con Jesús.

Jesús se identificó a sí mismo como alguien que sirve (Lucas 22:27). Pablo dijo: "El amor sea sin fingimiento. Aborreced lo malo y seguid lo bueno. Amaos los unos a los otros … en cuanto a honra… Compartid las necesidades de los santos y practicad la hospitalidad" (Romanos 12:9-10, 13). No es difícil percibir que esas palabras y el estilo de vida de Jesús y de los primeros cristianos debían haber sido revolucionarios para ellos mismos y el mundo donde vivieron. Esta manera de vivir constituyó un alejamiento radical de esas prácticas comúnmente aceptadas del poderoso y del débil. Caminar con Jesús conllevaba centrarse en algo más extenso que el mero individuo y en alguien mayor que cualquier ser o institución humana. ¡Y esto es lo que precisamente conlleva hoy día!

> Su siervo soy, y como tal, me empleo a la dirección simple de su palabra, "Conforme se me presenta la ocasión, hacer el bien a todo hombre": Y su clara providencia concurre con su palabra; la cual me ha separado de todo lo demás, para que pueda dedicarme con atención única e este asunto, "id haciendo el bien". (traducción del "Journal from August 12, 1738, to November 1, 1739", en *Works*, Vol. I; página 202)

El simple intento de hacer el bien constituye una regla sencilla, pero también es increíblemente desafiante. Pero, esperen un momento. ¿Qué ocurre si llegamos a olvidarnos de nosotros mismos? Es una idea increíble pero una que al parecer le gustaba bastante a Jesús. ¿Qué pasaría si realmente pensáramos en Dios y le pusiéramos en primer lugar en nuestras vidas? ¿Qué ocurriría si pensáramos en las necesidades de otras personas primero? ¿Qué pasaría si dejáramos que lo que es bueno para la comunidad guiara nuestras decisiones en vez de nuestras propias necesidades? ¿Nos acercaría esto más a lo que Wesley tenía en mente? ¿A lo que Jesús tenía en mente? Tengo el presentimiento de que así sucedería.

Sin embargo, también nos expone al peligro de que algunas maneras destructivas se apoderen de nosotros una vez más. Hubo un tiempo en el que se nos dijo que nos olvidáramos de nosotros mismos, que nos negáramos a nosotros mismos, que fuéramos humildes y aceptáramos una condición más baja para nuestras vidas. Aunque esto haya moderado nuestra prisa hacia la arrogancia y egoísmo, ha mostrado también ser un camino autodestructivo y dañino para el resto de la comunidad. Existe una abnegación propia que es *sana*, y es la que Jesús nos pide. Pero también existe una abnegación propia que es *insana*, a la cual nos traen a menudo la gente, las instituciones y los movimientos que se han desviado del camino de Jesús. Desgraciadamente, cuando intentamos evitar esta abnegación propia insana, damos un paso gigantesco de la abnegación propia sana a una insana autoalabanza tal y como nuestra cultura promueve.

Nuestra cultura nos recuerda que somos las personas más importantes en este mundo y que por lo tanto debemos cuidarnos a nosotros mismos primero. Por supuesto, el propósito de esta campaña publicitaria no es nuestro bienestar sino la promoción de algún producto. Sin importar las necesidades de otros, ocúpese de usted mismo primeramente. Por tanto, nuestra cultura ha creado un clima donde los ejecutivos de las corporaciones roban a sus inversores y chupan de sus empleados hasta llevarlos a la misma pobreza. Es una cultura en la que los tesoros de este mundo gravitan rápidamente fuera del alcance de esas personas que necesitan una porción de estos para poder sobrevivir. Es una cultura en la que todo vale con tal que nos beneficie a nosotros y nadie se dé cuenta. Es un clima en el que es fácil dar la espalda a la injusticia social y económica que inmensamente daña a tantas personas y beneficia a tan pocas. Vivimos en una cultura que tiende a ser destructiva al valor propio y dignidad de cada hijo e hija de Dios. En demasiadas ocasiones hemos contribuido a una cultura competitiva que anima la avaricia y egoísmo y desalienta la compasión, el compartir, la justicia y el compromiso a un bien común.

Sin embargo, cuidarse a sí mismo y vivir de manera no egoísta no son conceptos opuestos. Más bien son elementos esenciales de una vida productiva y sana. Amar a Dios con toda nuestra energía vital y al prójimo como a nosotros mismos no es denigrante, ni una negación o devaluación de nosotros mismos. Más bien esta es la proclamación de nuestra teología como cristianos y cristianas y pone un valor tremendo sobre nosotros mismos y nuestro prójimo. Es la elección de vivir en el reino de Dios HOY mismo. Es comenzar a vivir como ciudadanos y ciudadanas de un nuevo orden en el que el amor de Dios por toda su creación es reconocido y proclamado en palabra y hecho.

Vivir de esta forma no implica de ninguna manera que el cuidado propio es poco importante o innecesario. Amarse a sí mismo demanda cuidarse en una cultura y sistemas que son a menudo destructivos para el individuo. Ese cuidado comienza con el reconocimiento y el recuerdo de que cada persona es el objeto del amor de Dios. Cada persona se encuentra envuelta en el amor ilimitado, salvífico y transformador de Dios. Cada persona es la "niña del ojo" de Dios y está siempre y últimamente segura en los brazos fuertes de Dios (Zacarías 2:8). Cuando este conocimiento empapa nuestro ser, podremos distinguir mejor la diferencia entre abnegación propia y cuidado propio. Este conocimiento de nuestro verdadero ser puede liberarnos de tener la necesidad de controlarlo todo y puede ubicarnos en un camino de mayor confianza en Dios y mayor capacidad para vivir plena y fielmente. ¿Podrá liberarnos para hacer el bien, todo el bien que humanamente podamos hacer? Creo que este es un buen punto de partida. Es otro paso sencillo que hará una gran diferencia en la transformación de nuestro mundo.

Estas dos primeras reglas son importantes y producen resultados inmediatos; sin embargo, sin la tercera regla, las primeras dos resultan imposibles. Mantener la relación de amor con Dios es el fundamento de toda vida. Es en una relación vital con Dios en la que somos nutridos, guiados, llamados, enviados, formados y transformados. El escritor del Salmo 127 declaró: "Si Jehová no edifica la casa, / en vano trabajan los que la edifican" (versículo 1a). Nosotros practicamos las reglas, pero Dios da el poder que nos capacita a guardarlas. Practicamos las reglas, pero Dios transforma, renueva y construye el edificio: el edificio de nuestras vidas, el edificio de nuestra iglesia y el edificio de nuestro mundo.

Aun siendo estas dos primeras reglas esenciales, la verdad es que no podemos hacer más de lo que está a nuestro alcance. La legislación o los comités no resolverán las divisiones, y no sanarán nuestras heridas. La claridad que buscamos en una multitud de asuntos y la fidelidad y fruto que esperamos no pueden ser manufacturados por nosotros mismos. Solamente vivir en la presencia redentora, amante, transformadora e instructora de Dios es lo que necesitamos desesperadamente. Esto es por lo que mantener la relación de amor con Dios es la tercera regla sencilla, y es esencial.

Mantener la relación
de amor con Dios

"Asistiendo a todas las ordenanzas
de Dios…"
— *Disciplina, 2004*; ¶103

Mantener la relación
de amor con Dios

"¡Buscad a Jehová y su poder; / buscad siempre
su rostro!" (Salmo 105:4)

"Por tanto, de la manera que habéis recibido al Señor
Jesucristo, andad en él, arraigados y sobreedificados en él
y confirmados en la fe, así como habéis sido enseñados,
abundando en acciones de gracias". (Colosenses 2:6-7)

Ordenanza es una palabra extraña a nuestros oídos.
Sin embargo, para Juan Wesley era el término que
describía las prácticas que mantenían la relación entre
Dios y los seres humanos viva y en crecimiento. Men-
ciona el culto público a Dios, la Comunión, oración
personal y en familia, la búsqueda en las Escrituras, el
estudio de la Biblia y el ayuno como partes esenciales
a una vida fiel. Aunque nombremos de diferente manera las disciplinas espirituales que consideramos
esenciales, estas prácticas pueden convertirse en una
fuente vital de fortaleza y guía para nosotros. Wesley
consideró estas disciplinas centrales en cualquier vida

de fidelidad a Dios por medio de Cristo. Vio que la práctica consistente de estas disciplinas espirituales mantenía a los que buscaban seguir a Cristo en contacto con la presencia y el poder de Cristo, pudiendo así cumplir su deseo de vivir como discípulos fieles.

Las disciplinas espirituales nos enseñan a vivir vidas en armonía con algo mayor que nosotros mismos y mayor que lo que el mundo valora y estima. Joan Chittister en su libro *Illuminated Life (Vida iluminada)* lo señala de la siguiente manera: "Todo lo que tenemos en esta vida es vida. Nuestras posesiones —los vehículos, las casas, los títulos educativos, los trabajos, el dinero— vienen y se van, se vuelven polvo a nuestro tacto, cambian y desaparecen… El secreto de esta vida…es que debe desarrollarse de dentro hacia fuera" (traducción de la cita encontrada en Orbis Books, 2000; página 14).

Vivir en presencia y en armonía con el Dios vivo que se ha dado a conocer en Jesucristo y nos acompaña por medio del Espíritu Santo es vivir una vida de dentro hacia fuera. Es encontrar nuestra dirección moral, sabiduría, coraje, fuerza para vivir con fidelidad al que nos creó, llamó, sustentó y nos envía al mundo como testigos que practican diariamente la forma de vida de Jesús. Las disciplinas espirituales nos mantienen en esa presencia y poder de sanidad y redención de Dios que nos forma y transforma a cada uno de nosotros más y más a la imagen de aquel que buscamos seguir.

Puede que nombremos a estas disciplinas espirituales con diferentes vocablos, pero debemos a su vez hallar la manera de vivirlas y practicarlas, pues estas nos mantendrán en esa relación de amor con Dios, prácticas que nos ayudarán a mantenernos posicionados de tal manera que oigamos y respondamos al mínimo susurro de dirección divina y recibamos esa promesa de su presencia y poder cada día y en cada dirección. Es en esta práctica que aprendemos a oír y responder a la dirección de Dios. Es en esta práctica que aprendemos a confiar en Dios como revelado en la persona de Jesucristo. Es en esta práctica donde aprendemos del amor de Dios hacia nosotros. Es aquí donde el amor de Dios se nutre y sostiene. Incorporar estas prácticas en nuestra manera de vivir nos mantendrá en esa relación de amor con Dios y nos afirmará en el amor de Dios hacia nosotros en este mundo y en el mundo venidero.

Esta regla sencilla tomará forma de manera distinta en cada persona, pues cada una es diferente y única. Sin embargo, algunos de los aspectos fundamentales serán comunes, tales como la oración diaria; la reflexión y el estudio de las Escrituras; la participación regular en la vida de la comunidad cristiana, incluyendo las celebraciones semanales y la participación en la Comunión; el realizar actos de bondad y misericordia; y el compartir y el aprender de otras personas que buscan a su vez seguir el sendero de Jesús. Es a través de estas prácticas que encontramos el valor, la fuerza y la dirección para seguir fielmente y con integridad el camino de Jesús.

Se podría acusar a Jesús de muchas cosas, pero nunca de descuidar su relación con Dios. Debió de aprender desde muy temprano lo importante que es mantenerse cerca de Dios si debía cumplir su misión en el mundo. Debió de aprender desde muy temprano que había suficiente poder disponible para vivir una vida fiel, con fruto y aceptable y que este poder conllevaba permanecer conectado y comunicado y mantener esa relación de amor con su Abba (Marcos 14:36; Romanos 8:15). No solamente encontró su fuerza y su dirección, además encontró comunión y compañerismo con su amado Abba. Quizás fueron estas experiencias las que propulsaron su enseñanza sobre la oración y fidelidad y probablemente dieron origen a su pregunta a Pedro.

Consideren a Jesús. El mundo no le prestó ninguna atención. Fue crucificado y segregado. Su mensaje de amor fue rechazado por un mundo que busca poder y control. Sin embargo allí estaba, y apareció con heridas en su cuerpo glorificado a unos pocos amigos que tuvieron ojos para ver, oídos para oír y corazones para entender. Este Jesús herido, rechazado y desconocido sencillamente preguntó: "¿Me amas, realmente me amas?" Éste cuyo propósito único había sido el mostrar y anunciar el amor incondicional de Dios tenía solamente una pregunta que hacer: "¿Me amas?" (traducción del libro *In the Name of Jesús*, por Henri J. M. Nouwen [Crossroad, 1989]; páginas 36–37)

La pregunta de Jesús a Pedro en Juan 21:15ss, "¿Me amas?" revela las pautas esenciales de nuestra relación con Dios. Tres veces preguntó Jesús: "¿Me amas?" y Pedro respondió afirmativamente tres veces. Mantener la relación de amor con Dios constituía entonces el asunto principal de una vida fiel, y también lo hace hoy día. Pues de esa relación de amor con Dios fluirán la bondad y el amor de Dios hacia el mundo. No puede ser de otra forma. Una persona que se encuentra en una relación de amor profundo será constantemente formada y transformada por esa relación. Y tal vida transformada constituirá un canal natural de la bondad, poder y la presencia de Dios en el mundo.

Por tanto, cada vez que Jesús hizo la pregunta: "¿Me amas?" estaba declarando la manera en que Pedro y el mundo sabrían si era obediente a Dios. Una forma de vida santa no se descubre, se logra, continúa y se sostiene sin mantener una relación de amor con Dios. Y mientras permanece en esa relación de amor con Dios conlleva oración, alabanza, estudio y participación en la Comunión. También conlleva alimentar al rebaño, dar refugio a las ovejas y suplir las necesidades de otras personas (Juan 21:15-16). Alimentar y pastorear las ovejas alude al amor que intercambiamos con Dios. Es una metáfora del amor divino que el mundo puede entender. Las disciplinas espirituales no sólo incluyen prácticas que nos vinculan a Dios cada día. También incluyen acciones que sanan el dolor, la injusticia y la inigualdad de nuestro mundo. Es imposible mantener una relación de amor con Dios y al mismo tiempo no desear ver la bondad y gracia divina que es compartida con el mundo entero.

¿Qué hace a la tentación de adquirir poder tan aparentemente irresistible? Quizás sea que el poder ofrece una substitución fácil a la dura tarea de amar. Es más fácil ser Dios que amar a Dios, más fácil controlar a la gente que amarla, más fácil poseer vida que amar la vida. Jesús nos pregunta: "¿Me amas?" Nosotros preguntamos: "¿Podemos sentarnos a tu derecha o izquierda en tu Reino?" (traducción de Nouwen; página 77)

El hecho de que Jesús preguntara a Pedro tres veces si le amaba constituye un intercambio bastante revelador. Pedro niega a Jesús tres veces (Mateo 26:75);

sin embargo, aquí declara su amor tres veces. Pedro es encaminado a un nuevo comienzo, un nuevo futuro. Los fracasos del pasado son perdonados y se abrazan nuevas posibilidades. Esas nuevas posibilidades se reflejan en la misión que recibe Pedro.

Cada uno tenemos nuestra propia letanía de fracasos que podemos recitar, pero podemos empezar de nuevo. Podemos también recitar los fracasos de las instituciones y de los sistemas en los que nos movemos y apreciamos. La buenas nuevas son que el pasado ha sido perdonado. Dios ofrece otra oportunidad a personas como Pedro, para el que su negación parecería un enorme fracaso, y a cada uno de nosotros, sin importar los fracasos en que hayamos caído. La pregunta dirigida a Pedro se convierte en la pregunta dirigida a nosotros: "¿Me amas?" Cuando respondemos afirmativamente, la respuesta de Dios es siempre la misma: "Apacienta mis corderos, pastorea mis ovejas".

Anteriormente, Jesús había dirigido a los discípulos en una pesca increíble, y después Jesús les invitó a un desayuno en la playa. Después de esta generosa exhibición de gracia, bondad y amor es cuando a Pedro se le ofrece la oportunidad de declarar su amor y comienza una nueva vida de fidelidad. En esta declaración del amor de Pedro, Jesús da algunas pistas en cuanto a lo que le estaba por venir a este discípulo fiel:

> "De cierto, de cierto te digo: Cuando eras más joven, te ceñías e ibas a donde querías; pero cuando ya seas viejo, extenderás tus manos y te ceñirá otro, y te llevará a donde no quieras". Esto dijo dando a entender con qué muerte había de glorificar a Dios. Y dicho esto, añadió: "Sígueme". (Juan 21:18-19)

No todos los discípulos fueron mártires, pero todos ellos, a mi parecer, fueron llevados a lugares donde no anticipaban ir. Cuando decimos que sí al llamado de amor de Dios, somos liberados de tantas cosas; y nuestra libertad en Cristo es un don maravilloso que debe disfrutarse. Sin embargo, también a nosotros se nos llevará a lugares que no teníamos intención de ir. Los discípulos de Jesús tienen gran libertad en Cristo y también gran lealtad a la forma de vida de Cristo. Consecuentemente, son llamados a actuar y restringirse al mantenerse en una relación de amor con Dios y buscar esta vida de fe, fidelidad e integridad.

Las páginas que hemos leído prometen una forma de vida que puede cambiar nuestro mundo. Tres reglas sencillas que pueden ser entendidas y practicadas por cualquier persona cada día de sus vidas, estas son el enfoque de esta manera de vivir. Es una forma de vida que puede protegernos de hacer el mal y capacitarnos a hacer el bien. Es una forma de vida que nos proporciona la manera de mantener esta relación de amor con Dios en este mundo y en el siguiente. Es una manera de vivir que promete una forma de reclamar y disfrutar la entereza de nuestra recompensa como hijos e hijas de Dios. Parece demasiado hermoso para ser verdad, ¿cierto? Sin embargo, la realidad es que esas personas que han seguido estas tres reglas sencillas han descubierto un mundo transformado y reclamaron la entereza de su recompensa como hijas e hijos de Dios.

Por supuesto entraríamos en lo ridículo al suponer que escaparemos lo que los primeros discípulos no pudieron evitar. Se darán tiempos difíciles, y vendrán tentaciones de caer de nuevo en las formas del reino de este mundo. Se darán tiempos en que nosotros, como los discípulos que nos precedieron, tropecemos y caigamos en hacer tonterías como la de disputar quién será el primero entre nosotros. Sin embargo, las buenas noticias son que podemos alzarnos sobre nuestro rechazo al camino de Jesús, recibir perdón y comenzar de nuevo esa vida de fidelidad y fe en Dios a través de Cristo. ¿Comenzará usted hoy mismo a practicar estas tres reglas sencillas?

Las reglas son sencillas, pero el camino no es fácil. Sólo esas personas con gran coraje se atreverán con ellas, y sólo esas personas con gran fe serán capaces de caminar en este excitante y demandador sendero. Hay muchas otras opciones para escoger, pero estas son opciones menores y llevan a resultados mediocres y desastrosos. La pregunta de Jesús sigue vigente para cada uno de nosotros: "Hija mía, hijo mío, ¿me amas?" Por supuesto sólo hay una respuesta que queremos dar: "Sí, Señor. Tú que conoces todas las cosas, ya sabes que te amo". La siguiente pregunta se hace realidad entonces: ¿estamos listos a adoptar el costoso camino que conllevan estas tres reglas sencillas como nuestra nueva forma de vida? Creo que hay muchas personas preparadas para tomar esta alta y santa decisión hoy, y pediré en mis oraciones que tanto yo como los que lean estas páginas renovemos tal decisión diariamente.

Guía para la oración diaria

¡Vamos, comienza! Establece un horario de ejercicios espirituales. Así podrás adquirir el gusto que no tienes: Lo que es tedioso al principio, se hará después más liviano. Sea que te guste o no, lee la Biblia y ora diariamente. Es por tu vida; no hay otra manera… Hazle justicia a tu propia alma; dale tiempo y crecerá. Deja ya de matarte de hambre. Toma tu cruz, y sé un cristiano por completo. Entonces todos los hijos de Dios se regocijarán… (traducción de "Letters to Mr. John Trembath", en *Works*, Vol. XII; página 254)

La oración es el centro de una vida transformada. Esta forma de vida wesleyana es inconcebible e imposible sin una práctica regular y disciplinada de oración. La práctica de tal disciplina será tan variada como lo son nuestras huellas digitales. Para algunas personas conllevará la utilización de un lenguaje formal de oración, para otras el silencio para escuchar en la presencia de Dios; pero para todas constituirá un giro hacia Dios en respuesta a la invitación de Dios a una relación que es eterna e inmediata a la vez.

Un amigo mío describe su vida de oración como "mantenerse en contacto con la oficina central". Otro amigo analiza su vida de oración como mayormente verbal y de lectura y respuesta a las Escrituras, otros buscan el cumplimiento del llamado bíblico a "orar sin cesar" (1 Tesalonicenses 5:17), y otros adoptan como propias la liturgia y oraciones antiguas de la iglesia.

Y en toda esta diversidad todavía se encuentra la misma constante unificadora. Esa constante es una moción hacia Dios que resulta en la transformación de la vida y en cómo se valora esta vida en nuestra existencia diaria. Es esta manera transformada y transformadora de la vida, este reforzamiento del vínculo que nos une a Dios, que buscamos al seguir las tres reglas sencillas que Juan Wesley ofreció al inicio del movimiento metodista y que ahora nos ofrece a nosotros.

Para recordarnos y asistirnos en nuestra práctica diaria de la oración, he incluido un breve bosquejo litúrgico para el comienzo, mediados y conclusión del día. Cada breve liturgia incluye varios momentos que contribuyen a la vida de oración. Les invito a ustedes a incorporar estas sencillas prácticas en su rutina diaria. La cantidad de tiempo y el contenido de estos momentos de oración dependerán de ustedes. Algunas personas escogerán diferentes pasajes de la Escritura u oraciones que dispongan de otras fuentes. Lo importante es que la Escritura y las oraciones nos hablen personalmente, que nos mantengan conscientes y en contacto con la presencia de Dios diariamente.

Hay muchas maneras de orar, y no hay mérito especial en este modelo de oración que propongo. Puede que ya tengan un método bien establecido de oración que les ayude a mantener su relación con Dios viva y dinámica. Puede que ya practiquen una manera de oración que trae frutos de transformación en sus vidas. Si es así, continúen sin dudarlo con lo que ya realizan en el camino de personalizar las tres reglas sencillas de Wesley. Si ustedes no siguen un modelo de oración, les invito a comenzar con el modelo que propongo hasta que desarrollen el suyo propio y se convierta en una forma de vida que les mantenga en comunión con el Dios de amor y confianza.

Oración al comenzar el día

INVITACIÓN A LA INTERVENCIÓN DIVINA EN
NUESTRAS VIDAS

*Amado Maestro, desciende y haz morada en nuestros
corazones en el día de hoy. Habita en nosotros todo este
día y líbranos de los caminos del error y necedad. En-
séñanos hoy a no hacer el mal, a hacer el bien y ayúdanos a mantener nuestra relación de amor contigo y con
nuestro prójimo. Ayúdanos a ser repuesta a la oración
de otra persona para que seamos señal de esperanza en
este mundo que amas.*

ESCRITURA

"Me mostrarás la senda de la vida;
en tu presencia hay plenitud de gozo,
delicias a tu diestra para siempre" (Salmo 16:11).

Puede escoger un pasaje diferente para cada día
de reflexión. *El Aposento Alto* es un recurso extraor-
dinario para la lectura diaria de la Escritura.

REFLEXIÓN

Considere el significado del pasaje de la Escritura y la aplicación para su vida en este día concreto. Preste atención a cualquier respuesta propulsada por el texto que escoja leer.

ORACIÓN

Considere oraciones de acción de gracias y peticiones en este comienzo del día.

OFRENDA

"Aquí esta la sierva del Señor; hágase conmigo conforme a tu palabra" (Lucas 1:38). Ofrezcámonos a Dios como instrumento suyo en este día.

PROMESA DIVINA

"Yo estoy con vosotros todos los días, hasta el fin del mundo" (Mateo 28:20b).

Oración del mediodía

Dios de amor y fortaleza, te agradecemos el don de tu presencia durante estas horas de la mañana. Continúa estando con nosotros y enseñándonos tus caminos a través del resto del día. Concédenos gracia para seguirte en fidelidad, gozo y paz. Te pertenecemos.

SILENCIO

"Habla, Jehová, que tu siervo escucha" (1 Samuel 3:9). Escuchemos la dirección de Dios mientras esperamos su guía durante el resto del día.

RESPUESTA

"Él es Jehová; que haga lo que mejor le parezca" (1 Samuel 3:18b).

ORACIÓN

Responda con gratitud por la gracia y dirección de Dios prometida y que ya hemos experimentado en este día.

Tres reglas sencillas

BENDICIÓN

"Está mi alma apegada a ti;
tu diestra me ha sostenido" (Salmo 63:8).

Oración al concluir el día

INVITACIÓN A LA ACCIÓN DIVINA

Pastor cariñoso de mi alma, hazte conocer y muéstrame tu camino en este tiempo de oración y reflexión. Hazme conocer mis fallos y confianza en tu deseo y habilidad de perdonar mis pecados, sanar y enmendar mis heridas. Por el poder de tu presencia concluimos este día como completo y en paz contigo, mi prójimo y conmigo mismo. Dame una noche de descanso en paz y encomienda mi camino mañana como testigo de tu amor y gracia.

UNA PETICIÓN CONTINUA

"¡Crea en mí, Dios, un corazón limpio,
y renueva un espíritu recto dentro de mí!
No me eches de delante de ti
y no quites de mí tu Santo Espíritu.
Devuélveme el gozo de tu salvación" (Salmo 51:10-12a).

Tres reglas sencillas

"Guárdame, Dios,
porque en ti he confiado.
Alma mía, dijiste a Jehová:
«Tú eres mi Señor;
no hay para mí bien fuera de ti»" (Salmo 16:1-2).

Recapitulación del día

Recordar

Este es un tiempo de reflexionar en las experiencias del día. Note las experiencias positivas y negativas y pregúntese: "¿Cuál ha sido mi contribución a cada una de estas? ¿Qué me está diciendo Dios a través de los acontecimientos del día?"

Confesar

Este es un tiempo de reconocer nuestras flaquezas, fallos y pecados.

Perdonar

Este es tiempo de pedir perdón y aceptar ese perdón de Dios, tiempo para perdonarnos a nosotros mismos y a todas aquellas personas que nos hayan causado dolor y a esos a quienes amamos.

Dar gracias
Dé gracias por cada uno de los dones que Dios le ha concedido en este día.

OFRENDA

"Establezco hoy un pacto renovado contigo, Jesucristo,

de compartir mi responsabilidad contigo para que no te falle.

Por tu gracia prometo

que ni en vida ni en muerte me apartaré de ti"

(traducción del "Wesley's Covenant Service", en *The United Methodist Book of Worship* [The United Methodist Publishing House, 1992]; página 293).

BENDICIÓN

Perdonado o perdonada, libre de pecado y de las cargas de la vida, recibe la paz de Cristo en una noche de descanso y revitalización, en los brazos sempiternos de Dios.

Tres reglas sencillas

"En paz me acostaré y asimismo dormiré,
porque sólo tú, Jehová, me haces vivir confiado"
(Salmo 4:8).

"Estas son las Reglas Generales de nuestras Sociedades; todas las cuales Dios nos enseña a observar en su Palabra escrita, que es la regla única suficiente, así de nuestra fe como de nuestra práctica. Sabemos que todas ellas su Espíritu las escribe en los corazones verdaderamente despiertos".

— *Disciplina, 2004*; ¶103

Stay in Love With God

Do no harm by an-y word or deed; do
good wher-ev-er there is need. Re-
main at-ten-tive to God's word. Stay in love with
God, stay in love with God.

Letra: Adaptada de John Wesley
Music: Raquel Mora Martínez
© 2007 Abingdon Press

www.ingramcontent.com/pod-product-compliance
Lightning Source LLC
Chambersburg PA
CBHW010920040426
42445CB00017B/1935